AF392605

Amor, fe y suicidio

Flor Del Monte

Amor, fe y suicidio

Una experiencia personal

Santo Domingo, República Dominicana, 2021

Amor, fe y suicidio.
Una experiencia personal

Flor Del Monte

Ilustración de portada: Mark Bertran
Diagramación y portada: Julissa Ivor Medina
Impresión: Editora Búho

ISBN: 978-9945-22-161-9

Impreso en República Dominicana
Noviembre, 2021

Contenido

Dedicatoria

A mis dos hijos, que desde su llegada a mi vida han sido mi fuente de inspiración, el motor que me impulsa a continuar, los regalos más preciados que Dios me entregó, los que me enseñaron a no rendirme y me motivan a seguir adelante.

A mi madre, por enseñarme a ser una guerrera incansable con su ejemplo y perseverancia, con ella aprendí como luchar por lo que quieres.

Agradecimientos

A Pedro, mi difunto esposo, un maravilloso ser humano, buen compañero y un excelente padre que, durante su trayectoria por la vida, siempre colocó por encima de toda adversidad el amor a su familia y la humildad en el trato hacia los demás, cualidades que lo hacían un hombre ejemplar.

A Pedro Alejandro y a Miguel Octavio, a quienes admiro por la valentía y la resiliencia con la que enfrentaron la pérdida de su padre y por la confianza depositada en mí.

A mis padres, por su apoyo incondicional.

A Eddy, por apoyarme en la crianza de mis hijos y por su fidelidad durante todos estos años.

A mi perrita Laika, mi alma gemela, mi eterna compañera y confidente.

Y a todos y cada uno de los que estuvieron ahí para nosotros, en esos momentos tan duros y difíciles de nuestras vidas.

Pero, sobretodo agradezco con todo mi corazón, al que me brindó el mayor soporte para continuar, quien me sostuvo en todo momento y me acogió con su cálido amor sin desampararme un solo día.

A ti, mi DIOS, porque sin tu presencia, amor y cuidado no lo hubiera logrado.

«¡Todo lo puedo en Cristo, que me fortalece!».

Filipenses 4:13

Prólogo

Félix María Delmonte

Para mí es un honor y un privilegio haber sido escogido por la autora para escribir el prólogo de este libro, pues considero que este es, en sí mismo, una vivencia sapiencial, una historia sin igual de fe y una obra inspiradora que podrá ayudar a muchas personas a sanar después de ser expuestas al suicidio de un ser querido.

El suicidio, según la organización mundial de la salud, es «Todo acto humano auto infligido, realizado con la intención implícita o explícita de morir». El suicidio y los intentos suicidas no se consideran un trastorno o enfermedad mental en sí, ni tampoco una mera reacción a situaciones de malestar y angustia. Son actos complejos fundamentados en múltiples factores biológicos, psicológicos y sociales (https//sprc.org).

Mi hermana, la autora de este libro, a quien conozco bien desde su infancia, expone de manera sencilla todo el proceso de un hecho estremecedor que transformó su vida: el suicidio de su amado esposo Pedro.

El suicidio, tal y como poéticamente lo definiera nuestro hermano Ricardo en su poema «El suicidio», es un monólogo sangriento, cual abismo profundo ineludible, que no tiene liturgia o mandamiento, y que hace de la vida un imposible.

Flor, la autora de este libro, y su amado esposo se conocieron en un viaje a la montaña, la escalada al pico Duarte, cuando ella apenas tenía 20 años. Diez meses después se casaron y vivieron juntos por 23 años, durante los cuales procrearon dos hijos maravillosos, Pedro Alejandro y Miguel Octavio.

¡La vida parecía sonreírles, Flor estaba feliz!, pues Pedro era un padre ejemplar y un excelente compañero. Nunca imaginamos que su matrimonio terminaría con el suicidio de su amado.

Todos los que tuvimos la oportunidad de conocer a Pedro le recordamos como una persona introvertida, cariñosa, humilde y jovial, que amaba a su esposa e hijos, así como a todos los demás miembros de su familia. Por eso, su suicidio fue como un campanazo sórdido a las cuatro de la mañana, para todos los que le conocíamos íntimamente.

Su familia expresaba que a simple vista todo andaba bien con Pedro, por lo que la noticia de su muerte nos aturdió a todos, pero fue Flor la que resultó estremecida hasta lo más profundo de su ser.

Es de esta experiencia, abrumadoramente traumática, que nace este libro, que más que un libro es una historia de fe, que rompe con los arquetipos religiosos, morales y sociales sobre el suicidio y da paso al conocimiento de un Dios de amor que no encaja en los preceptos religiosos contemporáneos, pero sí en la revelación inspirada de su palabra. (Joel 2:32) «Y sucederá que todo aquel que invoque el nombre del Señor será salvo...» «Pues en mi angustia invoqué a Jehová, y clamé a mi Dios; Él oyó mi voz desde su templo, y mi clamor llegó a sus oídos» (Samuel 22:7).

Flor, te vimos luchar contra la adversidad, contra el desaliento y contra gigantes. Ahora sé de dónde vino tu socorro... tu socorro vino de Jehová, quien hizo los cielos y la tierra. Los que te conocemos vimos el poder de la fe en acción, la misericordia de Dios y la gracia redentora de nuestro Señor Jesucristo guiando tus pasos y colmándote de victorias.

Gracias por escribir este testimonio de amor, valentía, esperanza y persistencia. Tu ejemplo de fe ha de impactar miles de vidas que sufren ahogadas por la pérdida de un ser querido que terminó súbitamente su vida aquí en la tierra.

Amado lector, yo sé que este libro te inspirará y te dará herramientas espirituales y prácticas para lidiar con los sentimientos de ira, culpa y rechazo.

Asimismo, te proveerá de las estrategias de comunicación necesarias para aceptar el duelo y las fuerzas para salir de un lugar de espesas tinieblas hacia la luz admirable de un Dios de amor capaz de revelársele a todo aquel que le invoque con genuino corazón, pues el anhelo de su corazón es el de consolarnos en todas nuestras tribulaciones, para que podamos también nosotros consolar a los que están en cualquier tribulación, por medio de la consolación con que nosotros somos consolados por Dios.

Te prometo, que las páginas de este libro te traerán consuelo, te darán fortaleza y te transformarán, así como mi hermana Flor fue transformada. El amor de Dios, su gracia, misericordia y paz descuellan en cada página de este libro, que sin temor a equivocarme fue inspirado para inspirar por aquel que es admirable, consejero, Dios fuerte, Padre Eterno, Príncipe de Paz.

Orlando, FL., octubre de 2021

El suicidio

Ricardo Delmonte

En aquella caverna tan oscura,
había un acertijo misterioso,
escrito por un monstruo en su locura,
para hacer a los hombres pesarosos.

Por aquel laberinto endemoniado,
las almas arrastraban las cadenas,
en un piso de fuego adoquinado,
que aumentaba el dolor de las condenas.

Allí dentro un segundo se hace eterno,
es galaxia bioquímica y malvada,
que tortura las almas con su invierno,
queriendo por la muerte ser salvadas.

Hay ceguera en la tarde esplendorosa,
las risas te lastiman la razón,
hay sordera en la música gloriosa,
las flores en retinas, cual punzón.

Flor Del Monte

El suicidio es monólogo sangriento,
cual abismo profundo ineludible,
que no tiene liturgia o mandamiento,
y que hace de la vida un imposible.

Si supieras que hay gente que te quiere,
si supieras que siempre hay solución,
ya pudieras con química que duele,
ya pudieras sanar tu corazón.

Los que quedan heridos para siempre,
cicatrizan recuerdos con amor,
el cariño quedó cual referente,
del amoroso Dios que fue su autor.

Santo Domingo, junio 2021

Amor, fe y suicidio

Una experiencia personal

Prefacio

Aquí comenzó todo...
23 años de viaje con el amor de mi vida.

Teniendo ya 20 años, logré por primera vez ir de excursión, al pico Duarte, con la universidad a la que asistía en ese entonces. Fue un viaje emocionante, divertido y renovador.

En el grupo, de casi 60 personas que viajábamos juntas, solo habíamos seis mujeres y los demás eran hombres. ¿Pueden ustedes imaginar que allí conocí al hombre que pasaría a ser mi compañero de vida?

Al regresar del viaje, nos mantuvimos todos en contacto y unos días después él me pidió ser su novia e increíblemente, sin conocerlo, prácticamente le dije que sí. Diez meses después ya nos estábamos casando. Fue una unión que duró 23 años, dando como fruto a dos hermosos hijos.

No voy a decir que era una vida perfecta, porque sobre la tierra nada es perfecto, pero sí era un buen matrimonio y una bonita familia, pues él era un padre ejemplar y excelente compañero.

Después de casarme, nunca pensé que mi matrimonio terminaría con el suicidio de mi esposo; siempre imaginé estar con mi compañero de vida hasta que fuéramos viejitos, pues siempre he sido una romántica empedernida, creo en la familia, pero, como todo en la vida, el hombre propone y Dios dispone.

Pero era un ser humano extraordinario, con defectos como todos los demás, sin embargo, su peor problema era no saber manejarse cuando de problemas económicos se trataba.

Siempre estuve para ayudarlo y apoyarlo, pero como es lo habitual en estos casos, yo, con mi afán del día a día, no pude observar más a fondo su estado de ánimo en ese momento y notar que, quizás, algo no andaba bien.

La verdad es que, entre los problemas económicos que en ese momento enfrentábamos, el trabajo absorbente y demandante que tenía, las actividades y demás responsabilidades con los hijos, la casa... no alcancé a darme cuenta de cómo cambió su estado de ánimo.

Como en la mayoría de los casos de suicidio, Pedro no mostró ninguna señal visible de que algo lo afectaba. La comunicación en ese entonces no fluyó de él hacia la familia, algo que me tomó años comprender. No obstante, desde el fondo de mi corazón solo hay amor para él y espero que Dios lo haya perdonado y aceptado, porque en su corta estadía en este mundo fue un noble y buen ser humano.

Introducción

La poesía que da inicio a este libro fue escrita por mi hermano Ricardo, a mi solicitud, para introducirles en el tema del suicidio de una manera poética sin que sientan ese temor, vergüenza o remordimiento que nos han inculcado sobre esta temática.

Yo tengo la convicción de que el instinto de supervivencia es la habilidad intrínseca que tienen todos los seres vivos, y esto implica superar las agresiones o cambios del medio (externo o interno), con el objetivo de seguir vivos y, por ende, de preservar la especie.

Si tratas de matar a una cucarachita esta sale corriendo rápidamente, pero, peor aún, si tratas de matar a las crías de cualquiera que pueda procrear, tendrás que enfrentar la furia de su madre o de su padre, según la especie.

Este es un instinto que todos los seres vivos traemos desde el momento de nuestra concepción, no tenemos que estudiarlo ni desarrollarlo porque nace con nosotros.

Sobrevivir, comer, beber, relacionarnos sexualmente, son sentimientos instintivos que la naturaleza ha programado en los seres vivos para preservar las especies.

Aun así, el suicidio también ha sido parte de la historia del hombre desde sus inicios. Cualesquiera que sean sus causas morales, religiosas, sentimentales, sociales, mentales o la razón que lleve a un individuo a inmolarse, no debe tratarse como un motivo de vergüenza, como una influencia negativa o creer que una familia queda fuera de la gracia de Dios por este hecho. La Biblia muestra evidencia de suicidios:

«Cuando Abimelec fue herido de muerte por una mujer que arrojó una piedra de molino sobre su cabeza, le gritó a su escudero que lo matara para que su muerte no se le atribuyera a la mujer». (Jueces 9:54)

«El rey Saúl, herido de muerte, cayó sobre su propia espada para evitar que los filisteos le escarnecieran». (1.ra Samuel 31:4)

«El escudero de Saúl también se quitó la vida».
(1.ra Samuel 31:5)

«Ahitofel se ahorcó después de que Absalón, el hijo del rey David, dejó de seguir su consejo».
(2.a Samuel 17:23)

«Zimri se prendió fuego después de que fracasó su rebelión». (1 Reyes 16:18)

...y no olvidemos que Judas se ahorcó después de haber traicionado a Jesús.

Entonces Saúl dijo a su escudero: Saca tu espada y traspásame con ella, no sea que vengan estos incircuncisos y me traspasen y hagan burla de mí. Pero su escudero no quiso, porque tenía mucho miedo. Por lo cual Saúl tomó su espada y se echó sobre ella.
Al ver su escudero que Saúl había muerto, él también se echó sobre su espada y murió con él. Así murió Saúl aquel día, junto con sus tres hijos, su escudero y todos sus hombres.

(Samuel 31:4, 5, 6)

Al pasar por la pérdida de mi esposo y escuchar todo tipo de argumentaciones religiosas, morales, sociales y de todo tipo sobre el suicidio, empecé a buscar información y a leer todo lo que me llegaba a las manos sobre el tema, porque pude darme cuenta de la cantidad de tabúes, mitos e ignorancia que hay al respecto.

Encontré mucha información en decenas de documentos, pero la verdad es que la única que me arrojó luz fue la fe en Dios, conocerlo y entender su misericordia hacia y para nosotros me fortaleció y me mostro cómo su amor podía hacerme superar, vencer y avanzar a pesar de todo lo que estaba atravesando, así como perdonar y aceptar lo que había pasado.

Amando a Dios, nunca me sentí sola ni desprotegida, le permití obrar en mi caso a su forma y a su ritmo. Y ustedes serán testigos a medida que lean el libro de que Él estuvo a mi lado siempre.

Con Él, aprendí a sobreponer el amor por mi esposo ante cualquier sentimiento que llegara a mi pensamiento o a mi corazón, para solo recordar los momentos maravillosos y felices vividos a su lado y así mantener ese recuerdo e imagen para mis hijos.

Enfocada, en todo momento, en el amor por mis hijos, convirtiéndolos en el motor para seguir adelante y enfrentar el futuro sin caer en la desolación, en depresión o amargura por todo lo ocurrido. Y, por último, viviendo un día a la vez fue como pude avanzar y encontrarme, hoy, en un estado emocional y espiritual como nunca antes había logrado.

Este libro es solo el resumen de todo lo que quiero contarles, espero que les sirva de ayuda, ya que mi meta es que se convierta en un instrumento de apoyo y generar inspiración para seguir extendiendo mis experiencias a través de otros textos.

*«El proceso del duelo permite buscar para tu ser
querido el lugar que merece entre los tesoros de tu
corazón. Es recordarle con ternura y sentir que el
tiempo que compartiste con él o ella fue un gran
regalo. Es entender con el corazón en la mano que
el amor no se acaba con la muerte».*

Jorge Bucay

Día 1

Era pleno verano, un lunes, 14 de julio del 2008. Mi hijo mayor se había graduado de bachiller hacía tan solo unos días y estaba de vacaciones en la casa, mi hijo menor cursaba un programa de verano que ofrecía un restaurant de cadena internacional. Yo me encontraba en el trabajo y Pedro, mi esposo, estuvo desde temprano con el chofer haciendo diligencias personales.

Al regresar a la casa, alrededor de las once de la mañana, Pedro preguntó por nuestros hijos a Isabel, la señora que nos ayudaba y estaba cocinando en ese momento, y ella le contestó:

–Uno está durmiendo en su habitación y el pequeño está en el campamento.

Como era su costumbre, Pedro se dispuso a probar la comida antes de ser servida y luego subió las escaleras hasta el tercer piso, donde tenía ubicada su oficina.

Mi hijo mayor aún dormía en su habitación cuando pocos minutos después, tanto Isabel como Eddy, el chofer, escucharon un disparo y les pareció que había sido dentro de la casa. Este último se apresuró a subir las escaleras hasta la oficina de Pedro para asegurarse de que todo estaba bien. Al llegar hasta el tercer piso, no lo encontró, revisó el área y al tratar de abrir la puerta del baño de la oficina no pudo porque estaba cerrada con seguro por dentro.

En ese momento presintió que algo grave había sucedido y comenzó a llamarlo sin obtener respuesta. Entonces gritó con fuerza a la señora, que despertara a Pedro Alejandro para que subiera, quien una vez que subió, tocó y tocó la puerta del baño sin obtener tampoco respuesta. Fue cuando decidió trepar por la pared trasera y ver por la ventana del baño si su padre estaba allí y ¡Dios...! allí estaba, tendido en el piso sobre un charco de sangre, con la pistola en la mano.

No alcanzo a imaginar cuánto dolor en ese corazón y todo lo que pasó por la cabeza de un joven de tan solo 18 años, recién cumplidos. La primera reacción de mi hijo fue llamarme y decirme, –mami tienes que venir rápido. Yo, que estaba con unos clientes en ese momento, le digo: –ahora mismo no puedo, pero, ¿qué pasa?– y él, sin otra alternativa, tuvo que decirme: –ven mami, por favor, papi se dio un tiro.

Sin decir palabras, me levanté del escritorio, tomé mi cartera y fui a buscar mi vehículo. Todo se tornó oscuro, silencioso, mi mente solo atinaba a pensar en mi hijo, le contesté en el teléfono –llama a la policía que voy para allá.

Crucé varias veces de un lado a otro en una avenida muy transitada donde se encontraba mi oficina, no encontraba el vehículo, pero no recordaba que ese día mi esposo me había dejado en el trabajo y estaba usando mi vehículo.

No escuchaba nada, solo lloraba y suplicaba ¡Dios mío acompaña a mi hijo! En ese estado de desesperación pude hacerle una llamada a mi hermano mayor, que vivía cerca nuestro, para que fuera a la casa mientras yo llegaba.

Cuando Ricardo mi hermano llegó, atinó a derribar la puerta del baño a patadas, solo para confirmar lo sucedido y el estado en que se encontraba Pedro. No había nada que se pudiera hacer, el disparo había sido en la cabeza.

El lector debe estar preguntándose, ¿por qué solo me llegaba al pensamiento pedirle a Dios por mi hijo? Simplemente porque sabía, en mi interior, que si algo había pasado no tendría solución, mi esposo conocía mucho de armas y si algo había decidido hacer sería irreversible. La verdad, en ese momento no llegaba nada más a mi corazón que no fuera el horror que estaba viviendo mi hijo todavía adolescente.

Todavía en medio de la avenida, sucedió lo que yo llamo una «Diosidencia», más que una coincidencia. El mejor amigo de Pedro, que trabajaba en un edificio cercano al mío, salió para ir a almorzar a su casa y al verlo le pedí desesperada que me llevara a la mía, que algo muy grave acababa de suceder y en el camino le fui explicando. Fue él mi primer soporte.

Mi hermano, inmediatamente confirmó la situación llamó a la policía. Mi hijo no había atinado a hacerlo, la cual es una reacción muy comprensible. Al llegar los agentes policiales, como indica el protocolo, hicieron la prueba de la pólvora a todos los presentes en el momento del suceso, incluido mi hijo. ¡Por el momento que estaba pasando y yo sin estar con él!

Cuando por fin llegué a la casa, la policía aún estaba allí, pero lo primero que hice fue buscar a Pedro Alejandro, que se encontraba en mi habitación acompañado de su primo mayor y, al verme llegar, se tiró en mis brazos y sus primeras palabras, llorando, fueron: –Mami ¿cómo se lo voy a decir a mi hermano?–. Para mí fue increíble y admirable cómo él instintivamente acogió la responsabilidad de cuidar de su hermano menor. Para tranquilizarlo, le respondí: –esa no es tu responsabilidad, es mía, así que tranquilo, yo me encargo.

Rápidamente, la casa se llenó con toda la familia, vecinos y amigos, unos unidos en dolor y otros dejados llevar por el morbo que entrañan situaciones como esta y con el que se arropan algunos seres humanos.

Mientras esperábamos al médico legista para poder proceder con el levantamiento del cuerpo, algunos familiares irrumpieron la solemnidad y el dolor de ese momento, llevados por ese morbo al que hago referencia, y revisaron la oficina de mi esposo. En su computadora encontraron una carta que él había dejado a sus hijos y cometieron la imprudencia de leerla.

En ese momento no había espacio para recriminar y solo atiné a exigirles a todos los presentes que cuando mi hijo menor llegara, no hubiera lamentos ni gritos escandalosos, ya bastante tendría con la noticia que iba a recibir como para que lo esperara un circo trágico.

Quizás, por la situación, fui muy dura con la gente, no discriminé entre unos y otros, pero todo lo que tenía en mi cabeza era proteger a mis hijos.

Cuando Miguel Octavio llegó a la casa supo inmediatamente, por la cantidad de personas y por la presencia de los policías, que algo grave había sucedido. Lo llevé a mi habitación y junto a su hermano, le expliqué lo ocurrido. Estaba incrédulo de que algo así estuviera pasando, lloramos muchísimo y quería subir a ver a su papá, pero no lo permití, porque no iba a exponerlo a una imagen tan cruenta que no era para que él la soportara. No quería que ese retrato quedara en su corazón, bastaba con que el mayor tuviese que enfrentarlo solo.

El médico legista tardó en llegar, el cuerpo sin vida de Pedro estuvo en su oficina hasta las cuatro de la tarde, sumando angustia y dolor a todos.

Yo estaba tan aturdida, que por mi cabeza pasaba todo tipo de pensamientos y sentimientos, cual si fuera una película en cámara rápida. En uno de esos momentos, me acerqué a su cuerpo y le reclamé tanto, cuestionándole –¿por qué te fuiste idiota? ¿Acaso no sabías que tú nos importabas más que cualquiera? Fue tanto mi dolor, tanta mi desesperación, que rayé en el insulto.

Mi padre se encontraba allí, junto a otros familiares, y con la frialdad y ecuanimidad que lo caracterizaba, puso su mano sobre mi hombro y dijo: –tranquila mi hija, no estás sola. Puedo decir que en ese momento supe que me había quedado sola con mis dos hijos. Incongruente, ¿no es cierto?, sus palabras de aliento, la compañía que me brindaba, me hicieron sentir todo el desaliento y la soledad que llenaría mi vida en el futuro.

Cumplido el odioso proceso de levantar el cuerpo y trasladarlo a la funeraria, fui junto a mi hermano a organizar todo lo relacionado con su funeral. En ese momento, todo para mí era como un horrible sueño.

Un día te levantas al lado de la persona que amas, con la cual tienes años de una vida compartida, y ese mismo día estás en la funeraria preparando su sepelio. Es algo surrealista, sientes que estás adormecida y que pronto despertarás, pero no, todo lo que había que afrontar era la cruel realidad.

En el velatorio, tanto mis hijos como yo nos encontrábamos fortalecidos, algo nos mantenía y nos alentaba, una fuerza interna nos alimentaba, pero aun así, fue uno de los peores momentos de todo el proceso.

La imprudencia, y otra vez el morbo, hicieron que todo fuera más difícil. Muchas de las personas que se nos acercaban, incluso familiares, nos hablaban sobre lo sucedido con expresiones como estas: «¿Qué pasaba entre tus padres que tu papá se suicidó?»; «Tu papá no fue responsable haciendo eso»; «Las personas que se suicidan no van al cielo, deben orar mucho» o «un hombre responsable no hubiera hecho eso». Hubo quien fuera tan despiadado como para hacer este comentario: «crónica de una muerte anunciada», aludiendo a algunos sucesos que habían antecedido a la decisión tomada por Pedro.

Pero repito, los tres teníamos una fuerza sobrenatural que nos mantenía serenos y calmados. En esos momentos conocí la crueldad humana, esa que hace que alguien actúe en un momento de manera retorcida, morbosa, crítica, la que nos lleva con facilidad a hacer leña del árbol caído. Desde entonces supe que iba a defender y a proteger a mis hijos por sobre todas las cosas y clamé a Dios a cada instante para que no me dejara sola, iba a necesitar de su presencia en mi vida, en todo momento.

Día 2

Al día siguiente, el servicio funerario se programó para que después del medio día se llevara a cabo el entierro.

Es costumbre cristiana hacer una misa de cuerpo presente antes del entierro, por lo que decidí salir de la funeraria para buscar al párroco de la iglesia donde asistía para solicitarle que celebrara dicha misa.

Al entrar a la casa parroquial y estar en su presencia, le hago la solicitud y le expliqué lo sucedido, las palabras que me dijo en ese momento serían enviadas por el mismo Dios, porque marcaron mi vida para siempre: –Hija no te voy a dar ningún sermón sobre esto, solo te voy a aconsejar lo siguiente **«Que vivas un día a la vez»**, solo así y de la mano de Dios podrás avanzar.

Me contó que su familia había pasado por lo mismo con su hermano menor, quien se había suicidado en su propia casa. Su madre lo había encontrado en su habitación, y solo viviendo un día a la vez y con el amor y la fe en Dios, pudo su madre superar aquella terrible tragedia.

La información en ese momento fue tan poderosa, que pensé y me dije: –¡Wow! mi dolor entonces es menor que el de ella, porque perder a un hijo de esa manera debe ser algo terriblemente doloroso, y si ella pudo superarlo, yo también puedo, con Dios delante.

> Esa fue una de las primeras señales
> de que Dios estaba conmigo y me guiaría
> en la medida en que le fuera entregando
> todo.

Al terminar la misa de cuerpo presente y antes de salir hacia el cementerio, tuvimos por primera vez la oportunidad de estar solos, nosotros tres con nuestro amado padre y esposo, y despedirnos.

En ese momento, cada uno le expresó, a su manera, lo que sentía por él, prometiéndole que seguiríamos siendo una familia, y que lo amábamos y amaríamos siempre, porque un instante no iba a borrar ni manchar todo lo que nos había dado en vida.

Junto a todos los que nos acompañaban, iniciamos el camino hacia el cementerio, íbamos detrás del carro fúnebre. ¡Cuántos sentimientos y pensamientos dolorosos, amargos y tristes inundaban nuestros corazones!

El silencio era absoluto, es uno de esos momentos en los que la realidad de lo que estás viviendo te golpea hasta los huesos y es tanto el dolor, que simplemente no tienes cómo defenderte. En ese momento, solo te entregas...

Ninguno quería demostrar debilidad, pero con solo mirarnos sabíamos lo que cada uno estaba sintiendo.

Saber que no hay retorno para volver a ver a la persona perdida es uno de los sentimientos de desapego más difíciles de manejar, estás como en un limbo y simplemente sigues el libreto pre-escrito para estos casos.

Al finalizar el sepelio y agradecerles a todos los que nos acompañaron, con mis palabras quise expresar que nuestra familia aún está intacta, que faltaba físicamente un miembro, pero que este, a partir de ese momento estaba más presente que nunca, porque siempre se mantendrá en nuestros corazones. Quería que todos entendieran que amábamos a esa persona sin importar lo que había sucedido.

Al llegar a la casa, luego de ese proceso, es poco lo que recordarás; simplemente es un acto que empieza y termina. A partir de allí, cuando quedan solo los recuerdos, las memorias y los pensamientos generados por lo vivido, es cuando tu ser amado comienza a acompañarte para siempre.

Tras su sepultura, los días pasaban y no sabíamos de qué hablar. No dormíamos, en la casa había un silencio doloroso y a la vez precioso, porque se sentía el respeto y la calidez.

«En mi angustia invoqué a Jehová,
Y clamé a mi Dios;
El oyó mi voz desde su templo,
Y mi clamor llegó a sus oídos».

(Samuel 22:7)

Día 3

Nuestras familias son muy católicas y tienen la tradición de celebrar un novenario por el fallecido, esto es dedicar y asistir a una misa diaria durante nueve días.

En mi afán por proteger a mis hijos, decidí que no los sometería a nueve días de tortura. No me importó que me juzgaran y sí, eran nueve días de tortura, así como suena, que se pasarían todos escuchando las mismas letanías que tuvimos que soportar durante el funeral y el entierro. Solo celebré una misa, tres días después del entierro.

Por ser cabeza de familia, me correspondía decir unas palabras al final del oficio religioso y quise escribirlas, pero todo el que me conoce sabe que no me gusta hablar en público y que odio sentirme el centro de atención, además sufro de miedo escénico, lo que sumado a todo el dolor y la pena del momento, no me permitía plasmar nada para leer.

Nerviosa y desesperada porque tenía que demostrarles a mis hijos que podía dar el frente, decidí la noche anterior orar y pedirle a Dios que hablara él a través de mí, que él más que nadie conocía lo que mi corazón en ese momento sentía y quería expresar.

Llegado el día de la misa, la iglesia estaba llena con todos nuestros familiares y amigos y, sorprendentemente, al finalizar, pese a todo el miedo escénico que me invadía, el dolor que apretaba mi corazón y el dolor que veía en mis hijos, que me anudaba la garganta, pude pararme a dar las palabras de agradecimiento.

Lo que hice en ese momento hasta a mí me sorprendió, pues pude expresar y agradecer con el corazón, **pero les juro que cada una de las palabras que salieron de mi boca ese día fueron una bendición más recibida, confirmando que Dios me estaba acompañando en todo momento**.

Con toda la carga emocional que tenía un momento extremadamente emotivo, por todos los sentimientos encontrados, por las frustraciones y por la rabia que sentía al escuchar algunas conversaciones, cuando llegamos a la casa, inmediatamente tuve que, con la excusa de tomar un baño, entrar a la ducha para poder llorar y desahogarme (sí, eso hacía durante mucho tiempo, lloraba mientras me bañaba, así los muchachos no se enteraban o por lo menos eso pensaba yo. Era más fácil decirles que me entró jabón en los ojos).

Al mismo tiempo, agradecí a Dios por haberme soportado y colocado en mi boca las palabras precisas para ese momento, por haberme dado la serenidad para manejar toda la situación sin alterarme y no permitir que me convirtieran en el instrumento de la morbosidad humana.

Al finalizar ese día, por fin podíamos mis hijos y yo empezar a manejar, solo nosotros, nuestro duelo, apoyándonos unos a otros, llorar libremente, hablar sobre el tema y comenzar a decidir cómo queríamos ir llevando esta experiencia.

Decidimos buscar ayuda profesional y asistir a una sicóloga del duelo; también acordamos continuar con todo lo programado para nuestras vidas hasta ese momento: universidad, colegios, trabajos, por ejemplo.

La gente debe entender que para casos como este, la mejor compañía se hace en silencio y que esa compañía debe ser de períodos cortos, porque estar solo, también, es importantísimo para poder organizar tus sentimientos y las decisiones a tomar.

La curiosidad del ser humano, en ocasiones enfermiza, de querer saber qué paso, hay que aprender a dominarla, por respeto y educación.

Inicié un período de conversatorio diario con Dios, le pedía incansablemente por la salud espiritual de mis hijos para que los acompañara en todo su caminar, porque a partir de ese momento Él era su único padre.

El séptimo día

El domingo posterior, justo después de la muerte de mi esposo, me levanté con deseos de volver a misa, algo me decía que fuera a la iglesia. Era temprano, dejé a los muchachos durmiendo en la casa y salí a ver si encontraba alguna misa, pero ya habían pasado todas las matutinas.

Al llegar a mi parroquia, le pregunté a una señora que iba saliendo de la misa ese día, a qué hora sería la próxima y me respondió: –hasta las siete de la noche no hay, pero hoy hay una misa de sanación a las tres de la tarde y esa es la tuya.

Yo quedé un poco extrañada. ¿Por qué esta señora me dijo que esa era la mía?, ¿era tan obvio mi dolor? Al parecer sí, tenía la cara demacrada y ojeras de no dormir, pero fue extraño que me dijera eso. Regresé a casa y luego de comida le pregunté a mis hijos -que estaban en la habitación del mayor empeñados en arreglar un radio muy antiguo, labor que su papá había comenzado y querían terminar-, si deseaban acompañarme a una misa de sanación y ambos dijeron que no, estaban exhaustos por todo lo sucedido, pero volví a insistirles porque la verdad no quería ir sola. El más pequeño terminó accediendo.

Nos fuimos a la iglesia y una vez allí, sentados para empezar la misa, cerraron las puertas, esparcieron incienso y el sacerdote comenzó a orar y a clamar la presencia del Espíritu Santo para iniciar con la sanación. Pidió a todos los presentes cerrar los ojos; mi hijo y yo nos agarramos de las manos y lo hicimos.

Los siguientes segundos sentí una mano diferente a la de Miguel Octavio, agarrando la mía. Como estábamos con las cabezas inclinadas en recogimiento, quise confirmar quién me agarraba, abrí un poco los ojos y empecé por ver unas sandalias de pescador, subiendo poco a poco la mirada observé una vestimenta de túnica blanca amarrada con un cordón en la cintura y al ver su rostro, grande fue mi sorpresa…, todavía al recordarlo mis ojos se llenan de lágrimas y me invade una sensación única.

Les puedo asegurar que quien tenía mi mano agarrada era el mismo Jesús. Me pidió le llevara a mi casa; de repente ya estábamos allí y abrí la puerta, al entrar se detuvo delante de la foto familiar colocada en el recibidor. Me miró con ojos misericordiosos y llenos de amor, sonrió y subió las escaleras hasta la habitación de mi hijo mayor que permanecía en la misma posición que lo había dejado, sentado en su cama. Allí pude ver como Jesús puso las manos sobre su cabeza y toda la habitación se iluminó, con una luz resplandeciente y cálida a la vez. Luego, regresamos a la iglesia.

Al volver a abrir los ojos, ya conscientemente, tanto mi hijo menor como yo seguíamos agarrados de las manos, llorábamos, pues nos invadía una emoción de dolor, pero al mismo tiempo de consolación.

Desde ese momento, no tuve la menor duda: **mis hijos y yo estaríamos bien**. La resiliencia se apoderó de mí, me sentí protegida y bendecida para todo lo que me esperaba a partir de ese instante.

Sí, ya sé, hay muchas dudas y comentarios. Unos dirán –eso te lo inventaste, ¿quién se creerá esta para que Jesús se le acercara?–, –eso fue producto del estrés y demás. Pues les diré, que sea lo que sea que haya sucedido, créanme que la fortaleza que me dio esa vivencia, me sacó adelante y me ayudó a levantar a mis hijos.

Yo misma estaba confundida, no me atrevía a decirle a nadie lo que había vivido, sabía las reacciones que podía tener la gente y en ese momento no estaba como para soportar ni un mínimo más de presión.

La semana siguiente fui a conversar con mi párroco sobre la experiencia vivida y me encantaron sus sabias palabras: «bueno, si fue verdad y eso solo tú y Dios lo saben, has sido bendecida y si fue producto de tu imaginación por todo lo que has pasado, me alegro que tu imaginación te haya dado esa herramienta para seguir adelante. De una forma u otra, ambas son bendiciones».

Así que, no importa lo que otros piensen, sé lo que viví y cómo me marcó para siempre.

De lo único que tengo certezas es que en todo momento clamé a Dios y nunca le reclamé nada, para darle la potestad de que fuera Él quien resolviera y acomodara las cosas como mejor nos convenía a mis hijos y a mí.

Días sin tregua

Los días, semanas y meses siguientes enfrenté embargos, amenazas, demandas, fruto de todas las deudas en que había incurrido Pedro, para terminar la construcción que le había sido encomendada como ingeniero contratista, por la que estábamos pasando momentos económicos muy difíciles, debido a incumplimientos en el pago de la parte contratante.

Todo lo que poseía hasta ese momento y todo lo que pude conseguir en préstamos, por ventas de muebles, prendas y objetos de valor, se usó para ir cumpliendo con los compromisos heredados y poder conseguir un poco de tranquilidad.

Durante años continué y enfrenté una demanda legal de la solicitud del pago de la obra antes mencionada, batallando judicialmente contra uno de los consorcios más poderosos de ese momento, lo que pude hacer con el apoyo eficiente de una abogada amiga.

Mientras eso sucedía, seguí trabajando a tiempo completo para hacerles ver a mis hijos que seguíamos adelante y servirles de ejemplo. Fue muy importante que tuviesen claro cómo se enfrentan y manejan los problemas para resolverlos y seguir viviendo sin amarguras ni reproches de ningún tipo.

Esa vida se convirtió en mi día a día y sin ninguna tregua.

Fueron años de intenso estrés, con una fuerza que yo misma no entendía, pero sabía de dónde provenía.

«Ante todos los problemas somos más que vencedores por medio de aquel que nos ama».
(Romanos 8:37)

Meses después de aquel 14 de julio, recibimos el aviso de que se nos otorgaba la visa de residencia en Estados Unidos, solicitada por mi madre. Llegó incluso la de Pedro, y tuvo que ser devuelta.

Entonces me sorprendió la rapidez con que se había completado el trámite, y ahora, mirando hacia atrás, considero que no fue más que el salvoconducto que Dios envió para que mis hijos pudieran tener la oportunidad de empezar una vida nueva, donde no les persiguiera la sombra de la maldad humana que no permite a otros levantarse ante sus dificultades. Primero emigró el mayor de mis hijos y luego el más pequeño, allí consiguieron becas y ayuda federal para sus estudios. Yo quedé completamente sola y todavía con muchos problemas por resolver.

El caso judicial fue largo y muy estresante; pasado el tiempo llegó hasta el arbitraje, un proceso mediante el cual se somete la controversia, con acuerdo de las partes, a un árbitro o tribunal que dicta una decisión sobre la controversia y cuyo cumplimiento es obligatorio para las partes.

Todo el mundo me decía que no ganaría el caso, siempre con argumentaciones cargadas de mucha negatividad, pero especialmente porque la otra parte estaba representada por abogados muy poderosos.

Les decía a todos, inclusive a mi abogada cuando a veces dudaba: **¡Yo voy a ganar este caso!** En todo momento estuve segura, no dudé nunca. Aun con un veredicto a mi favor, al momento de ejecutar la sentencia hubo que negociar el monto solicitado, pues me enfrentaba a un sector económico muy poderoso. No importó recibir menos. **¡Gané!**

La verdad es que, aunque quizás algunos no lo crean, no me molestó el monto recuperado en lo más mínimo, porque no litigaba por el dinero (aunque mucha falta que hacía para salir de problemas), lo había hecho porque quería enseñar a mis hijos cómo se enfrentan los problemas.

Que pudieran ver que no me rendí, les brindaba la seguridad de que contaban conmigo para todo y que no era la frágil mujer que quedó viuda e inspiraba lástima, sino que, por el contrario, soy una guerrera agarrada de Dios, dispuesta a todo por ellos y también a redimir y limpiar el nombre de su padre.

Sabía quién estaba a mi lado, y eso no dejaba lugar a dudas, ni permitía el miedo en mí.

«¡Aprendan a hacer el bien!
¡Busquen la Justicia y reprendan al opresor!
¡Aboguen por el huérfano y defiendan
a la viuda!».

(Isaías 1:17)

Aunque ganamos el caso en la Justicia, lejos estaba de resolver los problemas económicos que enfrentaba. Recibí menos dinero de lo solicitado a causa de la negociación y estando sola, con mis hijos en Estados Unidos, me vi en la necesidad de vender la casa, porque era lo único que podía suministrar los fondos suficientes para liquidar las deudas y poder, de una vez por todas, tener un poco de paz y tranquilidad.

En todo momento mis hijos estuvieron de acuerdo y les agradeceré siempre que pensaran en mi bienestar y confiaran en mí.

Habían pasado tres años y fue entonces cuando pude comenzar desde cero y organizarme. Tenía mi trabajo, solo sería cuestión de tiempo, perseverancia, resistencia y fe para ir recuperando algo de todo lo perdido. Lo más importante es que ninguno de nosotros tres perdió lo más esencial de la vida: el amor y el apoyo entre nosotros como familia.

Enfocados en seguir avanzando, aprovechamos la experiencia para hacernos más fuerte, más inteligentes, más cautelosos, más resilientes, más humanos, más humildes, y así crecer más en nuestro interior. A mí, en particular, para confirmar la existencia y presencia de Dios en mi vida.

«Todo aquel que confiese que Jesús es el hijo
de Dios, Dios permanece en él, y él en Dios».
(Juan 4:15)

Seguir adelante

Quiero compartir con ustedes, los hechos que entiendo nos ayudaron a seguir adelante, situaciones que se llevaron a cabo como familia antes y después, y que nos soportaron para sobreponernos.

No se trata de una guía sicológica ni nada parecido, son vivencias y decisiones que a mí y a mis hijos nos dieron las herramientas para continuar.

Solo las expondré de manera resumida, porque nos funcionaron. No es lo mismo cuando te aconseja o consuela quien no ha pasado por lo que estás pasando, que escuchar, en este caso leer, consejos y experiencias de quien pasó y rebasó la misma tragedia.

No obstante, leer libros sobre el suicidio y el duelo también ayuda muchísimo. Leí todo lo que me recomendaron e investigué mucho sobre el tema.

Recibir terapia de una sicóloga, especialista en duelo, también es de gran ayuda; sin embargo, lo que permite superar todo es la actitud con que enfrentes lo ocurrido. Nadie puede ayudar a quien no se quiere dejar ayudar.

De todo lo antes dicho, lo más importante es fijar tu apoyo en quien siempre estará para ti –sin ningún tipo de interés y sin ninguna exigencia–, esa es la verdadera clave, y eso solo te lo puede ofrecer **Dios**.

«Esforzaos y cobrad ánimo; no temáis,
ni tengáis miedo de ellos, porque Jehová
tu Dios es el que va contigo; no te dejará,
ni te desamparará.
Y Jehová va delante de ti; Él estará contigo,
no te dejará, ni te desamparará; no temas
ni te intimides».

(Deuteronomio 31:6-8)

❋

Comunicación familiar

La comunicación que habíamos desarrollado con nuestros hijos, desde siempre, incluyéndolos y manteniéndolos informados de todo lo que acontecía en la casa, entre nosotros, en nuestros trabajos y en nuestros entornos, sirvió para que entendieran un poco por qué su papá tomó esa decisión. En nuestra casa nunca hubo secretos ni tabúes al momento de hablar.

Mi esposo y yo teníamos la opinión de que los hijos son parte de la casa y de la familia, por tanto, tienen el derecho de estar enterados de todo lo que suceda en ellas; por supuesto, siempre con el nivel de profundidad acorde a las edades de los hijos, quienes siempre deben estar en conocimiento de las situaciones que sus padres atraviesan.

Quizás muchos piensan que no debería ser así, pero a nosotros nos funcionó bien. A mis hijos les sirvió para aprender lo que hacíamos bien y no tan bien, así se mantenían con los pies sobre la tierra, para no cometer los mismos errores.

Por otra parte, estar enterados de todos los problemas que enfrentaba su papá les permitió no quedar con sentimientos de culpa ni de desamor hacia él. También nos permitió, luego del duelo, hablar entre nosotros sobre lo que sentíamos por lo sucedido.

Todos los miembros de la familia deberían estar enterados de lo que pasa dentro de la casa con cada uno de sus integrantes, ya sean problemas de salud, conductuales, financieros, legales o de cualquier índole. De este modo, no habrá sorpresas ante la ocurrencia de un suceso inesperado.

«Escucha, hijo mío, la disciplina de tu padre y
no abandones las enseñanzas de tu madre».

(Proverbios 1:8)

⁂

Evitar sentimientos de ira,
de culpa y de rechazo

Son muchos los sentimientos que afloran cuando pasamos por este tipo de duelo y es una de las cosas más difíciles de superar. ¿Por qué lo hizo?, ¿qué fue lo que pasó por su mente?, ¿no le importamos?, ¿no nos quería?

No nos quedemos encharcados allí. Sé que es difícil, créanme, pero deben tratar que esos pensamientos no empañen sus buenos recuerdos sobre la persona perdida y que solo importe lo que aportó a tu vida. Recuerden solo sus virtudes; no es alabar lo que hizo, pero tampoco teñir de negro todo su trayecto por la vida. ¡Que el dolor no nuble sus corazones ni sus pensamientos!

Dentro de toda la desgracia tuve la «dicha» de, primero, tener la obligación de seguir con el cuidado de mis hijos; segundo, un trabajo seguro, aun cuando fuera demandante y absorbente, y tercero, haber heredado los problemas económicos de mi esposo.

Digo que fue una dicha que esas urgencias y prioridades ocuparan todo mi tiempo, porque luego del hecho, cuando pude pensar con claridad, era tanto lo que había pasado que solo tuve la opción de continuar adelante. No había espacio para muchas otras cosas, y menos para deprimirse.

No es que no hubiera momentos de tristezas, de llanto y de inmensa soledad, pero estaba tan ocupada y llena de tareas urgentes y vitales, que estos períodos eran bastante cortos, no me daban el chance de caer en crisis profundas.

Es importante observar si se siente ansiedad, dificultad para pensar, si estás agitado, irritable, tenso, si tienes dolor de cabeza, temblor, sensación de que algo malo va a ocurrir, arranques de enojo o dificultad para dormir, porque son síntomas de los cuales debes ocuparte inmediatamente.

Si no lo haces, tanto la salud física como la mental se verán seriamente afectadas. Si te desgastas, tu cuerpo se va a resentir, tus habilidades sociales y de comunicación disminuirán, logrando que mucha gente se aleje de ti y perderás vínculos que podrían ayudarte en el proceso de curación.

Si permites que esos sentimientos se apoderen de ti, te será muy difícil levantarte y continuar.

Habla con Dios, desahógate con Él, platícale lo que sientes; luego guarda silencio para que puedas escuchar sus respuestas.

Trata de ver el sol al levantarte y las estrellas al acostarte y agradece por todo lo vivido con la persona que perdiste. Verás cómo empiezas a encontrar paz y poco a poco el equilibrio.

«Quítense de vosotros toda amargura, enojo,
ira, gritería y maledicencia, y toda malicia».

(Efesio 4:31)

✳✳✳

¿Por qué?

Buscar la causa del por qué la persona amada comete suicidio, ya no es importante. Lo hecho, hecho está. No se le puede dar marcha atrás. Aun si descubriéramos el por qué, esto no va a devolvernos el ser querido y a lo mejor la respuesta nos deja más heridas.

Ya la pérdida física es emocionalmente agotadora, como para sumarle el desgaste que implica buscar una explicación, que la mayoría de veces solo la conoce quien comete el acto y Dios, nadie más.

Bloquea este cuestionamiento completamente, tanto de tu mente como de tu corazón, para que no te envuelvas en la egoísta intriga de buscar alguna razón o motivo a lo sucedido.

Si perdieras a tu familiar en un accidente o por una enfermedad, no buscarías causales. Con el suicidio debe ser igual, es una pérdida como cualquiera otra; la forma en que suceda no debe hacer diferencia para seguir adelante. Se extraña y se recuerda igual a quien parte de este mundo, entonces, ¿por qué hacer diferente el duelo?

A veces se encontrará un por qué dejado por el suicida a su familia, pero nunca será la verdadera razón, ya que en ese momento el suicida tiene una forma no habitual o normal de ver la realidad y analizar las cosas. Dejemos la verdadera causa en la intimidad del fallecido y Dios.

Muchas veces, querer encontrar una razón inconscientemente persigue liberarnos del sentimiento de culpa que nos arropa, por no haber detectado la intención y no haber hecho lo suficiente para evitar la acción. Será uno de los obstáculos más difíciles de superar para la sanación. Esta no es más que una acusación falsa, no somos responsables por el suicidio de un ser querido en ningún sentido, forma o manera.

«Por sobre todas las cosas, ámense intensamente los unos a los otros, porque el amor cubre infinidad de pecados».

(Juan 4:7-8)

✳✳✳✳

Aceptar

Estar consciente de la realidad de los hechos es un paso importante. No evadir lo sucedido en el diario vivir es clave para la pronta recuperación.

Particularmente para mí, cuando me preguntaban por mi esposo, tan solo con no mentir sobre la forma en cómo murió, me ayudó a manejar de una forma natural el tema. No sé si esto va acorde con lo sugerido por sicólogos, pero a mí me funcionó vivir en la realidad, no escapar de ella.

A todo quien me preguntaba –¿cómo murió tu esposo?–, contestaba simplemente: –se suicidó. No se puede vivir en una mentira constante y decir la verdad te ayuda a ir enfrentando y aceptar lo sucedido. No hay porqué sentir vergüenza ni miedo ante esto; hay otras cosas peores y realmente vergonzantes.

Si quieres esconder el hecho, te irás aislando de personas que no saben lo que ha pasado o que les cuesta hablar del tema por temor a ofender y quizás es en ellas que podrás encontrar el soporte emocional que necesitas.

Como comentaba antes, la pérdida de un familiar es el mismo hecho, igualmente doloroso, sin importar los acontecimientos que la provocaron. No permitas que las normas sociales o el miedo al qué dirán, pauten o bloqueen la recuperación de tu familia.

Debemos ser valientes, honestos consigo mismo y mantener la integridad en las respuestas cuando nos enfrentamos a preguntas como ¿Qué pasó? ¿Por qué lo hizo?

«Aceptar no es resignación, pero nada te hace perder más energía que el resistir y pelear contra una situación que no puedes cambiar».
Dalai Lama

Duelo

No reprimas sentimientos, maneja tu duelo como sea mejor para ti y no para otras personas, cada ser humano es diferente y, por ende, maneja las cosas de manera diferente.

Llora cuantas veces quieras llorar. Mi consejo es que no lo hagas delante de la gente, no por vergüenza o por orgullo, sino para que puedas llorar como te resulte emocionalmente más liberador. También porque no todo el mundo sabe compartir un llanto, escuchar y expresar las palabras correctas.

Hay muchos tabúes e ideas preconcebidas sobre este tema, que dichas por alguien a quien aprecias podrían herirte más y confundirte. Llora en la intimidad, habla con Dios y verás que llegará el momento en que manejarás el duelo con amor.

El dolor es algo que no podrás evitar a lo largo del proceso, pero sí puedes elegir hacer lo mejor con ese dolor y llevarlo de una manera sana.

Cuando un día despiertes y te des cuenta que los recuerdos ya no te hacen sufrir tanto y que incluso eres capaz de hablar libremente de las virtudes de esa persona amada y no solo de su final, sabrás que empiezas a levantarte.

*«¡Dichosos los que lloran, porque serán
consolados!».*

(Mateo 5:4)

Establecer metas

Busca en qué ocuparte, lo que sea que te guste hacer, lo que te llene de satisfacción, no solo el trabajo sino algo adicional. A mí me encanta apoyar el rescate de animales de la calle y ayudar a personas con necesidades diversas. Eso hace que mires a tu alrededor y te des cuenta que siempre hay gente con problemas mayores a los que tú enfrentas.

Estudiar algo nuevo, hacer manualidades, aprender un idioma, hacer algo que sea retador, mientras más retador, menos tiempo habrá para dar espacio a la tristeza o para alimentar pensamientos negativos.

Fijarse metas, las que se quieran y en el área preferida, nos ayudará a dar un gran salto en el proceso, pero deben ser metas alcanzables, por que se trata de empezar a darle un nuevo sentido a la propia vida y a alejarnos de una posible depresión.

Yo empecé a estudiar diseño de interiores, algo totalmente alejado de la banca, a lo que me había dedicado siempre. Este aprendizaje, completamente ajeno a mis intereses profesionales, logró sacarme del círculo social al que estaba acostumbrada, a explorar otras cualidades que no sabía que podía desarrollar y me funcionó exitosamente.

*«La fuerza no viene de la capacidad corporal,
sino de la voluntad del alma».*

Mahatma Gandhi

Ejercitarse

Se ha demostrado que hacer ejercicios o cualquier actividad física estimula las endorfinas, popularmente llamadas como «hormonas de la felicidad», que son neurotransmisores en el cerebro que emiten hormonas pueden hacerte sentir más alegre, ayudándote a aliviar la depresión, la tristeza o el dolor del momento en que te encuentras.

Cuando hablamos de actividad física es toda actividad en la que trabajen los músculos y que requiera energía, de modo que pueden incluir algunas tareas laborales, las hogareñas y muchas de las recreativas.

Por el contrario, cuando hablamos de ejercitarse nos referimos a un movimiento corporal planificado, estructurado y repetitivo que se realiza para mejorar o mantener el estado físico. Si no puedes pagarte un gimnasio, ahora los hay en parques. Una buena caminata o un recorrido en bicicleta, funcionan con iguales beneficios, –muchas veces mejor– porque te ponen en contacto con la naturaleza y está probado que nada es más saludable para el espíritu que un paseo entre árboles.

Sal a caminar, a montar bicicleta o hacer la actividad física que te guste, esto siempre ayuda a sentirnos mejor, a respirar, a relajarnos, a dormir mejor y al mismo tiempo nos mantiene sanos. Es muy probable que el estrés y la pena depriman tu sistema inmunológico abriendo una brecha para que te enfermes más fácilmente.

El ejercicio físico ayuda a liberar tu mente de las preocupaciones para que puedas alejarte de los pensamientos negativos que van a alimentar tu depresión, ansiedad y dolor.

Yo odiaba el gimnasio, hasta que lo comencé y empecé a darme cuenta que dormía mejor, que me sentía con más energía. Tuve que aceptar que fue una gran decisión.

«El ejercicio es clave para la salud
física y de la mente».
Nelson Mandela

✳✳✳✳✳✳✳

Interacción social

Conéctate con tus amistades, especialmente con aquellas que estuvieron contigo en todo momento, que te acompañaron sin preguntas ni cuestionamientos. Aléjate de aquellos que siguen haciendo preguntas imprudentes.

La familia juega un papel importante en la recuperación, dale la oportunidad de que te acompañen en tu duelo.

La conexión social es uno de los factores más poderosos para combatir la depresión, la tristeza y el dolor.

Evita pasar mucho tiempo frente al televisor, no duermas siestas, visita a tus amigos y familiares.

Si tienes la oportunidad, crea nuevos amigos y amplía tu círculo de relacionados.

✳✳✳✳✳✳✳✳✳

Armonizar con Dios y conectar
con el Espíritu Santo

Esto es sin lugar a dudas lo más importante de todo, Él te dará las herramientas para enfrentar realmente cualquier cosa, te brindará las fuerzas para soportarlo y superarlo.

Fue la columna vertebral de mi recuperación, la seguridad que sentía porque lo tenía en mi vida. Es impactante.

Recuerda que en la Biblia se habla repetidamente del amor de Dios por las viudas y los huérfanos, dedica 76 versículos sobre las viudas y 40 versículos sobre los huérfanos.

«¡Padre de los huérfanos y defensor de las
viudas es Dios en su morada santa!».
(Salmo 68:5)

Aférrate a Él desde lo más profundo de tu ser y Él te mostrará su amor.

Es difícil ir en contra de circunstancias que no podemos cambiar, pero sí podemos abrir nuestro corazón y utilizar herramientas que nos ayuden a adaptarnos para manejar los cambios y desafíos que enfrentaremos y Dios será tu mejor herramienta.

El duelo es el más agudo desafío a nuestra confianza en Dios.

«Sé que Dios me ama, y nunca me abandonará».
(Juan 3:16; Hebreos 13:5)

«Sé que Él está a mi favor y no en mi contra».
(Romanos 8:31)

«Sé que la Palabra de Dios es verdadera, y que Su corazón es amable».
(Salmo 33:4; Hechos 14:17)

Reflexión

Dios es un Dios de amor, de perdón, y estoy segura que pone su mano en la cabeza de aquellos que se inmolan para acompañarlos hasta su fin, sobre todo si son seres humanos que han tenido una trayectoria digna en su transitar por la vida.

No es fácil el recorrido para los que nos ha tocado vivir una experiencia tan traumática como el suicidio de un familiar. Es doloroso, pero hay que lograr que el amor y la fe se sobrepongan a todo lo que nos vaya invadiendo el corazón y la mente.

El tiempo va haciendo su trabajo, no hay que apresurarse y vivir como aconseja mi párroco «**...un día a la vez**».

Cada día debemos procurar crear buenos y bellos recuerdos con nuestros seres queridos, porque son estos recuerdos los que nos ayudarán a enfrentar la realidad, si el destino nos coloca en la situación de pérdida de uno de ellos.

Hagamos el duelo de la manera que cada uno entienda como la mejor para los suyos. No permitamos que otros marquen pautas en ese sentido.

Amemos cada día como si fuera el último, expresemos a todos a nuestro alrededor lo que sentimos por ellos, no sabemos cuándo será la última vez que tendremos la oportunidad de decir: –Te amo– esas simples palabras pueden hacer una gran diferencia.

Recuerden, queridos lectores, que desde el momento en que conecten con el **Espíritu Santo**, todas las herramientas para lograr enfrentar, superar y obtener lo que quieran, serán puestas en sus manos.

Sin importar como haya sido la pérdida, si nosotros pudimos, ustedes también lo pueden lograr. Solo deben querer seguir adelante.

Dios los bendiga.

«Nosotros le amamos a Él, porque
Él nos amó primero.
Si alguno dice, yo amo a Dios y aborrece a su
hermano, es mentiroso. Porque el que no ama
a su hermano al cual ha visto, ¿cómo puede
amar a Dios a quien no ha visto?».
(Juan 4:19-20)

Epílogo

Un día a la vez voy a vivir.
Un día a la vez voy a dar pasos hacia el frente
avanzando hacia lo que quiero lograr.
Tomaré mi propósito y lo cumpliré,
con la ayuda de Dios venceré.

Un día a la vez sin desmayar,
con constancia y fe que todo es posible, si creo.
Cuando me falte la luz la buscaré en Jesús,
aunque tengo debilidades soy fuerte,
un día a la vez.

Perdonaré, el pasado no me angustia
porque decidí librarme de amarguras,
decido perdonar para liberarme y volar,
para desamarrar mis cuerdas de odios y rencor.

Un día a la vez triunfaré,
mis pasos se afirman en mis creencias y mi valor.
No tengo ningún temor,
voy adelante, voy con buen ánimo, un día a la vez.

https://www.merybrachop.com

Esta edición de *Amor, fe y suicidio. Una experiencia personal*,
de Flor Del Monte, se terminó de imprimir en noviembre de 2021,
en los talleres gráficos de Editora Búho, Santo Domingo,
República Dominicana.

www.ingramcontent.com/pod-product-compliance
Lightning Source LLC
Chambersburg PA
CBHW060452160726
47992CB00003B/1185